AF189696

@ 2019 Schmal, Margarete
Herstellung und Verlag: BoD – Books on
Demand, Norderstedt
ISBN: 9783750420090
Fotos: Lotta Blau

Inhalt

Abends vor dem Bildschirm

Essen die Leute allerhand Lügen
die ihnen vorgesetzt werden
gefälschte Informationen
die aus der Unterhaltungsabteilung kommen

In Österreich ist immer alles besser, halb
so schlimm; schaut nur,
wie schlecht es den anderen geht,
seid dankbar

abends vor dem Bildschirm
essen die Leute Chips, trinken Bier sehen
und hören ist ihnen
müde von der Arbeit vergangen

lauter Konstrukte
das Ergebnis hinterhältiger Absichten
Kämpfe um politische Mehrheiten,
Werbung , Quoten

Das abendliche Programm
kann abgeschaltet werden
das Bessere
kommt in der Nacht

Tag und Nacht Geschnatter,
was soll da schon heraus-oder hineinkommen?

Es ist ein Baum,

noch kahl.
er steht im Wind. Des Himmels Hauch, der
dort oben immer w eht

Es ist ein kleiner Fels,
auf dem dein Name steht,
ein Blumenbeet.
das Totenglockengeläut
das du geträumt
ein Käuzchen schreit
das schwarze Dorf vorm Wald
aufsteht
drei Schatten sind über den Acker gelegt
Seitdem der Frühling
Trauer trägt.
Ein weißes Tier,
das dir im Traum erscheint

Meditation

Im Grund eines Seins
dem eines Tieres, eines Baums, eines Steins
zerbricht
der Klage Laut, niemand hört es.

Viele Sommer trank meine Lippe

Mein Sonnengeflecht pocht
im Takt der geliehenen Stunden-
Reinkarnation oder Verlöschen, einerlei, ist
doch schon
die Schrift zu sehen
an der biblischen Wand.
In den Linien der Echsenhäute
steht das Alter der Welt eingeschrieben
und der Tod schaut mich an:
des Tigers bernsteinfarbenem Aug.

Von den Wassern strömt der Abglanz der
Sonne ins All. Weiß
und freundlich wird die Nacht: Da

Natterngeräusch und andere Laute.

Kleine Erkenntnis

Die unbenannten Dinge wirken am längsten:
das eine soll man aussprechen,
das andere nicht;
einmal ist es mutig und heilsam
das andere Mal ist es Verrat.

Aber im Laufe des Lebens lernt man ja den
Spagat.

Herbst

Abgeerntet sind die Felder einen Sommer lang
haben Scharen von Gedanken die Bläue
vergangener Himmel durchquert;

blaue Falter, Pfauenaugen.

Jetzt im Herbst kommen Flugscharen ins
Gedächtnis zurück
mit den Raben.

Nein

Wenn ich nein sagen könnte,
wüsste ich,
was ein standfestes Wort vermag und ich
würde das Notwendige vom Unnötigen
unterscheiden.

10

Ich würde atmen, ja, atmen,
wenn ich ein standhaftes nein sagen könnte,
würde ich aufhören, mich zu betrügen,
würde ich aufhören, mich zu begnügen.

Ja. Nein.

Verwandlung

Abend. lila,
gelb , sanft schon die Farben.
Die Vögel sind verstummt, nur
die schwarze Gestalt eines Strauches bewegt
sich leise
im Südwind und auf den kleinen Booten
werden die Laternen angezündet

Abend
und noch Farben
leuchtet diese Stunde in mein Leben herein.

Es ist meine Stunde. Es ist meine Zeit.
Ich werte nicht. Ich warte nicht auf gar nichts.

Alles ist Verwandlung.

frühling

knospen auf zweigen sie bringen aus bäumen
die blätter wieder ans licht
im friedhof
vis a vis vom unfallspital
milde luft
dunkles, dickes gewölk, regenschwer

wiederum die tagreise bergan bis zur
mitternacht

aber früh am abend
dann in einem hinterhof
ganz viele weiße schneeglöckchen
die läuten im gras.

13.3.09

Widmung für Erika St.

In Sibirien bist du aufgewachsen Ich auch
Wir waren schwermütig und ernst
Typisch Jugend, dachte ich: Die Koketterie mit
dem Tod.

Unsägliches erwarten
Nicht wissen, woher, wohin und nach was
Sehnsucht
Ohne Namen

Vierzig Jahre später
ist eine Frau aus dem Fenster gesprungen, sie
war
sofort tot.

In Klagenfurt
Ist sie begraben worden, wie ihre
Und meine Lieblingsdichterinnen auch

Troijka hast du mich genannt und
Moje mrvto srce
geschrieben

drei Pferdestärken hast du mir zugetraut
eine ist sich mit Mühe ausgegangen
ich war halt immer
eine Spätzünderin.

13

Ich bin ein nachtdunkler Busch
Untergehölz auch

meine Arme und Beine
wachsen mir aus,
Blut strömt durch Adern und Geäst,
Blattlinien, spitz

Mein Blut strömt, breitet sich aus
und tränkt das Untergehölz,
die Erde
ich gieße mich aus -

wird es warm sein im Wind oder unter der
Erde?

Die Augen sahen
und eine weiße Magierin speicherte das
Gehörte
die Sprache, die du nicht verstehst
In den Fortgang des Lebens ein
Du weißt mehr, als du weißt
und manchmal greifst du im Traum hinaus
über den eigenen Rand--

Des Sommers letzte Tage dieser, als ob es der
letzte wär gewitterschwer der Abend und
schwül die

Nacht, der Duft verblühter Blumen

So viele Sommer trank meine Seele
die Natur bereitet bunte Pferde,
überall im Herbst meines Lebens
ertönt ein altes Lied
aus Blättern
eines braun gewordenen Baumes
ein Strahlen gelb und hell
vor Sonne fällt
wiederum beginnen die Schwalben zu wandern
in ferne Länder,
andere
so ungewiss ist ihre Reise,
werden sie ankommen dort?
Es kommen härtere Tage
in nicht ferner Zeit
wirst du vielleicht das warme Fell eines Tieres
streicheln,
während ein Enkel Glück und Liebe trinkt
Fünf Föhren dann, Angst, dunkelgrüne
Finsternis

Archaisches

Im dichten Laub des Feigenbaumes
beginnen die Spatzen zu lärmen
ein Morgen dämmert grau und blau
und wiederum erscheinen
die weißen Steine der Stadt
aus dem Dunst
schälen sich Schiffe empor,
sie kommen beständig,
sie kommen immer
Jahr-aus und Jahr-ein
manchmal geht eines zu Grunde.
Was bleibt

Meer, dein ewig sein noch sind Kontinente
doch wer weiß
das Wetter ändert sich rasch und der Wind
dreht.

Wellen, sie rollen hinaus
bäumen ferne sich auf
wie tänzelnde Pferde mit schäumenden
Mähnen, brechen sich und stürzen herein mit
Getöse
oder laufen einfach aus.

Immer ist Krieg

Kalt und böse ist das Menschengeschlecht der
große Bär
wird nicht mehr angerufen

Was bleibt?
der Gezeiten ewige Wiederkehr der Tiere
unendliche Geduld

Die Stille davor

Es kummt a weda, es kummt a sturm
de vogaln san scho stad
es kaun jo sei
dass de Apokalypse si erfüllt
jetzt glei
amoi muaß jo sei
so vü haum de menschen scho vabrochen
amoi is genug

loß mi amoi no des kind auschaun
und olle, die i mog
di tat i amoi no gern gspian
owa da tod hot uns des vasogt und de bam,
de tiere olle meine seelchen
stumm wia i

17

loß mi amoi no des meer auschaun,
waun de sun untageht
bevor i stirb

Mond,
heute hinter Wolken wohnt
Mond. Ein Fremdes, das ich mir bin so fern,
ich habe
Sehnsucht
Nach den Gezeiten Nach deinem Schein

Auf dem Friedhof sind schon die heiseren
Stimmen der Raben zu hören.

Es werden viele kommen…..

Prognose: schlecht

Tiefe Wasser, die wir alle sind bei der Urne,
gemeint
ist die Wahlurne warum heißt sie so? was wird
begraben?

Wenn es nach EU Kommissarin La Garde geht
Könnten wir es sein,
denn sie sagte
zu viele Menschen werden alt,
da muss etwas geschehen

jetzt wird einmal endgültig die Demokratie zu
Grabe getragen

einmal war Österreich ein Agrarland jetzt ist es
ein Betonland
massiv zerschnitten von Autobahnen und
anderen Straßen
In der Früh liegen am Wegrand die getöteten
Tiere

die Stimmen fallen lautlos in die Urne
und dann geschieht nichts, von dem was
dringend geschehen müsste

die Gesetze sind ja doch gekauft die

Handelnden
Konzerne sind das,
die bestimmen
so gesehen ist wählen
eine Farce geworden
das einmal erkämpftes Recht
auch dafür sind Menschen gestorben Ich kenne
mein Land jetzt nimmer
Österreich, ja wo ist es denn hingekommen?
Das Österreich, das wir hatten,
wo ist es?
es wird nimmer kommen. Österreich, mein
Fegefeuer

An die Sonne

Sonne Du. meine gleißende Zwölf. Hoch
im Zenit eines Tages

und die Tiere suchen Schatten
unterm einzigen Olivenbaum.

Mein Blut aber stampft und dröhnt vor Sonne,
die über die Fluren fließt.

Sonne: mein Blut Blut: meine Sonne.
Es fließt in den Hälsen

der Schafe, in den Schwingen der Vögel, und
unter
den geschlossenen Lidern
der dösenden , ewig rätselhaften Katzen.

Sonne, mein Blut, es fließt und endet nicht…..

Stille

Stille höre ich
Diese singende Stille
Hinter all dem All

Vielleicht ist das mein Ort.
Kein Wort.
. Nimmer
So groß wie ein Tag
Ist das Leben,
kaum ein Sternenfall.

Bolero

Stich. Wort.
Ich bin zusammengekommen
ich sammle mich ein
ich schare meine Schafe
ich zähle die Kamele
ein schöner Schein
das Himmelsblau
der Glanz der Sonne, die Wüstenei ein Schrei -
da fand mich der Tod.
Er nickte und ging vorbei
an einem Nachmittag im Takt des Bolero von
Ravel/ Ei

Kreislauf des Lebens

Kastanienbäume sind plötzlich erblüht
wie über Nacht
in weiß und rosa Farben; Kerzen: Ende April,
Gedanken An vergangene Andachten.
Vorbei, nicht schade darum

Im Kreis dreht das Jahr sich von Schnee zu
Blüte und Frucht und wiederum Schnee,
wie lange noch? Es ist spät.

Wien

Wien ist anders anders
als Teheran und Ankara
Wien liegt nimmermehr am Meer.
Wien ist anders als Amsterdam
Aber andersrum brauchst gar nicht sein
Wien: wo Süßholz geraspelt,
Schmäh geführt
also Falschheit kultiviert
und Distanzlosigkeit als Gemütlichkeit
verkauft wird. Wien.
Eine alte Stadt,
eine morbide Dame, ein grantelnder Herr;

Küss die Hand
Heißt es, wenn er sich du Trampel denkt o der
herablassend: gnädige Frau
(das ist immer eine Beleidigung)

Wien, wo immer noch
der Balkan am Rennweg beginnt was ja auch
seine Vorteile hat

Jetzt doch ein Museum für Sigmund Freud
aber der wird auch verkauft wie alles.

Liebe

Unbemerkt
als ein kleiner Vogel saß ich bei Dir und
verhielt mich abwartend.
es war ein Nachmittag im Frühling
der schon heiß war
und während ich wartete
kam der Autobus.
Ich stieg ein
und
plötzlich ist der
kleine Vogel Liebe davongeflogen,
aus dem Raum
zwischen meiner
vierten und fünften Rippe, links.

Erleuchtung*

Die Masseuse stand
mit immer noch angehobenen Armen vor mir,
sie lächelte immer noch, als ob sie mich im
letzten Augenblick doch und viel lieber
erwürgen wollte.

*In einer alten Stadt**

Auf noch sonnenwarmen Steinen
ruhe ich mich aus,
habe hundertjährige Gedanken.

*Rumpelstilzchen**

Wie eine Zwiebel bin ich
zusammengewachsen
und häute mich jetzt
ich stelle mich quer,
ich versuche den Teufel,
der ein Truthahn
mit blinden Augen ist

Oh, wie gut, dass niemand weiß… dass   die
Pointe
erst kommt
wenn die Zwiebel im Kochtopf ist

An die Tochter *

Fliegende Fische, Wolken reisen unstet, was
scheint
und zugrund ist himmelhoch sichtbar Wolken
schweben Träume

Du
ganz preisgegeben jetzt anzusehen,
die Gesichtszüge
fahren fort, wohin?
Arme und Hände dicht
an den Körper geschmiegt
wie die Flossen eines Delphin

Du
ein gesäugtes Kind/ ein ans Leben getragenes
Kind
jetzt schon fliehend
in Wirbeln und Fluchten
Du
schlafende
im blauen Licht
Deiner ungewissen Zukunft
schlafende
schöne Tochter.

Erspart euch die Zumutung
(Antwort auf ein Gedicht von Erich Fried)
Ich werde es gar nicht gut haben
wenn die Reihe an mich kommt

Die Ärzte, die Schwestern zwar verpflichtet,
zwangsweise sagt er
und warten heute schon
sagt er
sie werden
sie müssen bereitstehen
und helfen
sagt er
wenn die Reihe an mich kommt.

Ich aber sage, lieber Erich
die Verpflichtung wird eine ungern gewährte
sein
eine Art Gnade und die bessere Versorgung
eine Frage des Geldes.
Doch war das nicht immer schon so?
Auch egal.
Ich kenne diese
bereitstehende Zumutung:
spart sie euch.

Wenn ich das Licht dann
in den Fenstern der Fremden
hängen sehe

28

und weiter westwärts gehe
dann kommt mir vor,

als möchte ich bleiben
nah an den Menschen umhüllt
von meinen Steinen
doch gehe ich weiter
weil ich muss
wie die Unruh bis zum Schluss;
Wind und Wolken
löschten das Himmelslicht aus.

Der Wind hat sich
gedreht und verändert
zum Sturm
Die Tiere ducken sich
Die Vögel suchen Schutz und Bäume wirbelt
knarrend
gehen kann ich da nicht
mehr
also fliege ich mit
und flüstere den Windrössern zu,
den Ort, den ich meine
es ist nicht weit,
einmal geradeaus und dann rechts, hügelan
dort fliegt der Gräberschmuck herum eine
andere Welt
der Sturm ist ein Orkan
wo die Vorausgegangenen einen Ort haben

zum Gedenken
mit einem Fuß stehst du drin
doch die Rauhnacht flüstert:
noch nicht
alles hat seine Zeit

so fliege ich mit den Sturmrössern und denen
des Orkan
zurück ins Bett
aus dem ich nicht mehr kommen kann

Von den letzten Dingen

Das Leben ist
eine Unruh, die das Herzwerk bewegt

ich bin bin ich?
zwischendurch Träume, alle werden vergessen
Schlaf-

große Wüsten vor uns, in uns, hinter uns:
Abgründe und Schluchten
Mühsalder Ebenen, ein Bergwerk
ist mein Herz auch von der Unruh bewegt
bis es stille steht
das Herzwerk
das Bergwerk, das Meer am Morgen,
am Mittag

am Abend
und nachts
trinken wir die Bitternis der Erde

alle Hoffnung ist Illusion

Silvester

Wie manches Jahr
als es dem Kalender nach begann
dein Todesjahr könnt es auch sein

Ich bleibe wie immer bei meinen Tieren der
Böllerwahnsinn hört ja doch nicht auf das
erste Jahr,
dass du im Grabe liegst, nein, es ist das zweite
schon
Ich glaub es nicht
und reiß mir aus mein Herz

Auch das Undenkbare ist möglich was
unsäglich ist
eignet sich zum Schweigen
Ich seh den bleichen Himmel
durch die Fensterscheiben
wie ein Leichentuch

Die Sonne versinkt
In einem Rausch von Farben,#
Glut-blut-rot
auf deinen Wangen ihr Widerschein

derweil ist Krieg wie immer

Bäume Kohlestämme Aschenzweige

am Nachmittag spielte der Faun
die Flöte
mein Gangliensystem
hat sich
in einer Rille verfangen
wie die Nadel einer Schallplatte
die stecken geblieben ist

WAS IST ES

Es ist vielleicht die Erinnerung daran. Wie du
sagtest:
ich reise gern auf Schiffen
und wie du aussahst dabei
Es ist vielleicht,
wie du mir nachgeschaut hast,
gib acht
fall nicht über die Treppe
Es ist vielleicht die Erinnerung,
wie du sagtest
man kann nichts machen,

es kommt alles zurück
Es ist vielleicht die Erinnerung daran
Wie du sagtest:
ich wünsche mir einen Hund
wie betrübt dein Gesicht dabei aussah
da wär ich gern der Hund gewesen

Wie du aussahst dann auf dem Schiff am
Strand
ich schwamm herein
auf dich zu

du sahst ernst aus
und es leuchtete im Sonnenlicht
dein Gesicht,

ich sah dich lange an,
als wäre es zum ersten Mal
Oder wie zum letzten Mal

Das Licht auf deinem Gesicht
war so schön,
leuchtete Liebe,
ist es das?

Für meine Katze

Ein fahler Morgen
Im November
Leichter Schneefall
Kälte dringt herein

Ein Platz im hier
der plötzlich leer ist
weil du hast dich zum Sterben in meinem
Kasten verkrochen

Die Erde ist gefroren
Der Trost eines Grabes scheitert daran
Verwertet wird dein Körper
Ich weiß es
Wieder ein Stück weniger daheim hier
du bist mir nur vorausgegangen

Gefährtin du,
mit deinem weißen Schnäuzchen deinem
dreifarbigen Fell

Einen Himmel ohne Tiere
Kann es nicht geben.

Ohne Titel

Immer noch tasten
meine Fingerkuppen die Abfolge von
Buchstaben
das Ergebnis von Mathematik und Physik
Synapsen und Neuronen unterm Schädeldach
und die Zirbeldrüse
auch das dritte Auge genannt

die Elle bewegt sich leicht und die

Speiche auch
alles Schall und Brauch

Nachmittag am Meer

Die Blicke sende ich dem Meer zu,
so kommt
Mir Meer zu,
35

ein kurzes, glückliches Los.
Lass los.
Ich reite mit den Wellen hinaus

Komme wieder.
Ein Augenblick, gestern wie heute
heute ein Leben
harmlos hören sich die Stimmen der spielenden
Kinder an

An Ihnen ist es gelegen
Was morgen sein wird

Sommergeräusche steigen auf ins Blau, von
der Brise gedämpft
Nachmittag, ein Widerhall…..

Aus dem Grund meiner Weigerung
schält sich der Abschied,
der das Vorstellbare
vorwegnimmt

es kommt anders.

Dorfsommer

Wie grün die Wälder sind und dunkel
wiederum
die satten Farben später Sommertage

und immer noch blüht Mohn, verführerisch
und schön, Kornblumen auch
als wie dein gestern und dein Anfang
schön wie dein roter Mund,

der in der Dämmerung verblasst und dann: ein
Stern
Ich weiß es schon,
es kommt ein Sturm

Ein Sommertag im Dorf,
wenn in ländlicher Kammer
die Vorhänge
wie Segelplanen
im Wind
an Fensterrahmen klatschen
und das Knarren der schaukelnden Boote..
dann weiß ich,
dass hinter der nächsten Gasse
das Meer beginnt
und deine Hände
sind zwei Segel, die mich gleiten ins
Uferlose....

Wir sehen den Horizont
Aber was dahinter ist,
sehen wir nicht
so ist unser Leben

An einem Ort
Sein, wo nur Wind ist,
sein fürchtendes Geräusch - hören, nichts
sonst.
Sein
ohne Alter, nicht mehr sein.

denn wir gehen in eine Stille hinein
ganz allein in eine Stille hinein
die dem Staub voraus weht,
der wir sein werden
bald.

Gewitterstimmung

Die Vögel sind verstummt
die Blätter der Rotbuche
nicht weit von deinem Grab
rauschen im Wind dort,
auf der Anhöhe wo immer Wind ist
Kein Wort.

Vergebung.
Amen.
Ein kleiner Fels zu deinem Haupt
Felsen, Gebirge, auferstandenes Meer
unter der Lavaglut
der Erdkern glüht und lebt und ich sitze hier
lebe, träume, sterbe….

Du bist fortgegangen

Das Abendlicht verglüht
Bevor die Dämmerung
in Finsternis sich hüllt
Ein Vogelschwarm vorüberzieht
Viele lila Blüten haben wir gesehen
nacktbraune Gebirge
über die Licht und Schatten ziehen und
Schatten wandern über die Dünen und die
Dünen wandern auch

Spät die weiß leuchtende Brandung
Wo wir nachts am Ufer standen

Blumen fallen, Blumen sterben ungehört das
gleißende unübertreffbare Licht
der Sonne am Abend

Afrikanische Sinfonie
Gezeichnet sind wir Auf Stirn und Auge